Im Herbst

1 Finde die richtige Reihenfolge.

	2		1

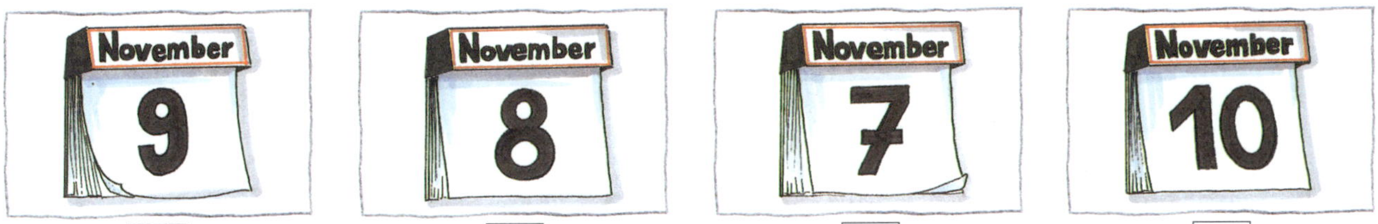

2 Male das fehlende Bild.

Aufgaben vorlesen oder vorlesen lassen. Kinder beschreiben die Bilder dazu.

Im Herbst

3

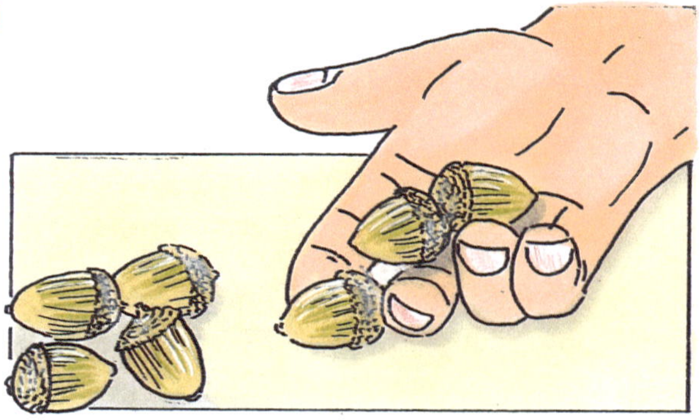

4 + ___ = ___

___ + ___ = ___

9 – ___ = ___

10 – ___ = ___

4

4 In Partnerarbeit erzählen und rechnen. Plus- oder Minusaufgaben aufschreiben. Zum Teil ist beides möglich.

5 Welches Bild passt zur Aufgabe? Kreuze an.

4 + 3 = ____

○ 	○ 	○ 

2 + 6 = ____

○ 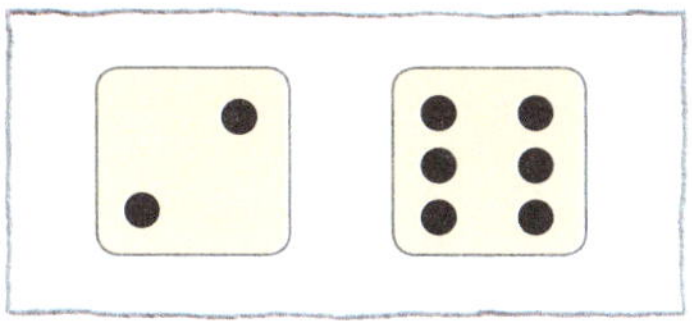	○ 	○ 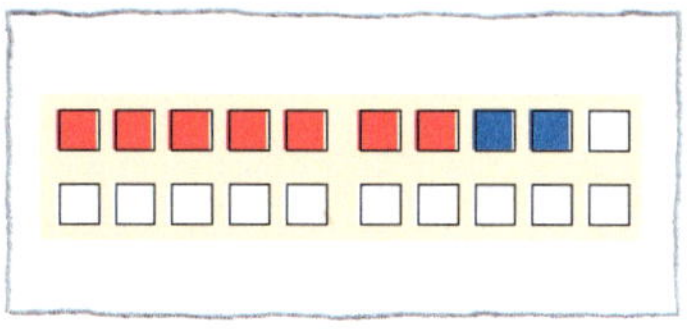

7 – 5 = ____

○ 	○ 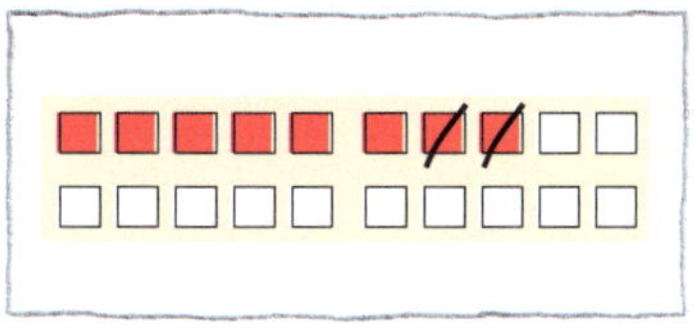	○ 

9 – 4 = ____

○ 	○ 	○ 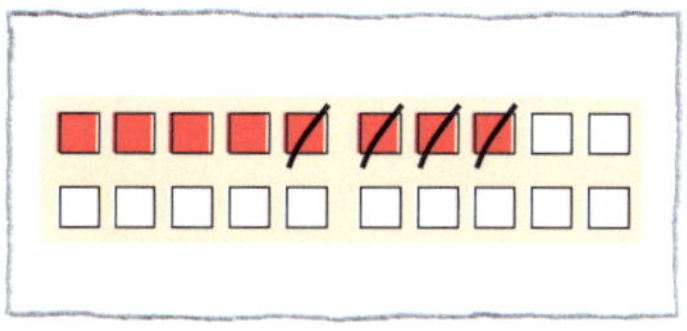

6 Male und rechne.

2 + 4 = ____

4 – 1 = ____

6 Alternative: Kinder malen ins Heft.

Im Herbst

A Sina hat gemalt. Wie geht es weiter? Male.

B Kreuze an und rechne.

1.

○ 

____

○ 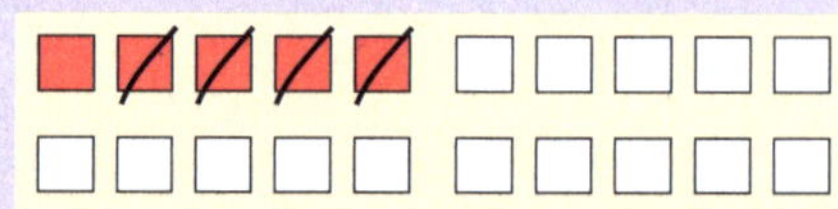

____

2.

○ 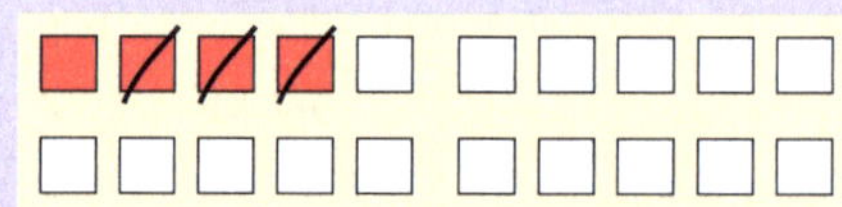

____

○ 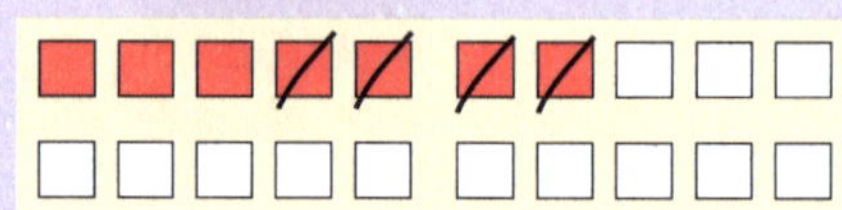

____

C Erfinde eine eigene Rechengeschichte. Male oder schreibe.

1

___ + ___ = ___

___ + ___ = ___

7 – ___ = ___

6 – ___ = ___

10 – ___ = ___

1 Bildfolgen beschreiben.

Unterwegs

2

1 + =

\+ =

3 − =

4 − =

5 − =

7 − =

2 Situationen nachspielen. Fächerverbindend. Zu den Bildern erzählen.

3

3 Rechengeschichten erzählen. Plus- und Minusaufgaben schreiben und begründen. Manchmal mehrere Lösungen.

A

\+ \+ =

B

12 − − =

C

8 − + =

D

E Welche Aufgaben findest du?

Tims Geburtstagsfeier

1

Kreuze an.

	Stimmt.	Stimmt nicht.
1. Es ist Mai.	○	○
2. Noch fünf Tage.	○	○
3.  werden eingeladen.	○	○
4. Es ist Winter.	○	○

2 Welche Aufgabe passt? Kreuze an.

○ 8 – 4 = ____

○ 8 + 4 = ____

○ 7 + 5 = ____

○ 5 + 4 = ____

○ 7 – 5 = ____

 kommen.
Letztes Jahr war es einer weniger.

○ 7 – 1 = ____

○ 7 + 1 = ____

○ 1 + 7 + 1 = ____

Mama backt 
Tim isst zwei.

○ 12 – 2 = ____

○ 12 + 2 = ____

○ 12 + 12 = ____

 pusten  auf.
Tim schafft drei.

○ 3 + ____ = 15

○ 15 + 3 = ____

○ 15 + 2 = ____

Tims Geburtstagsfeier

3

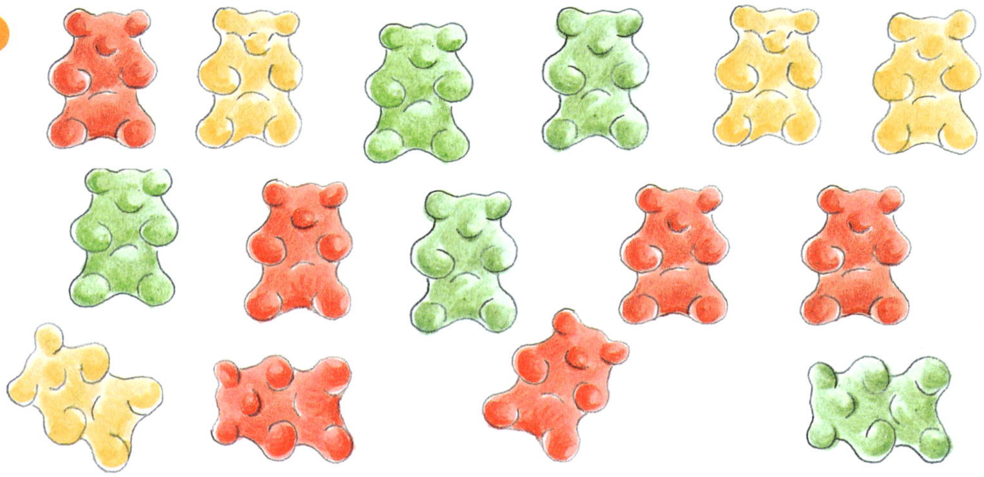

a) Wie viele gibt es von jeder Farbe?

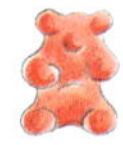 ______

 ______

 ______

b) Alle  und alle  dazu: ____________________ = ______

c) Alle  und alle  dazu: ____________________ = ______

d) Alle  und alle  dazu: ____________________ = ______

e) Welche Aufgabe passt? Kreuze an.

○	5 + 1 = ____	○	13 – 2 – 3 = ____
○	5 + 4 = ____	○	15 – 2 – 3 = ____
○	6 – 4 = ____	○	6 + 2 + 3 = ____
○	11 – 4 = ____	○	9 – 2 + 3 = ____

f) Erfinde eine Rechengeschichte mit . Male und schreibe.

4 Ole und Mia essen die Schokoküsse, die übrig sind.
Die wollen sie gerecht verteilen. Geht das? Malt oder schreibt eure Lösungen.

5 Verteilt gerecht.

4 Drei Kinder spielen mit Plättchen o. ä. nach. Das dritte Kind passt auf, dass gerecht verteilt wird.

Tims Geburtstagsfeier

A Tim und Sara essen die Schokolinsen, die übrig sind.

Es sind 

Die wollen sie gerecht verteilen.

1. Geht das? Malt oder schreibt.

2. Geht es, wenn es ein roter weniger ist? Malt oder schreibt.

B Finde heraus, in welcher Reihenfolge die Kinder nach Hause gehen.

zum Knobeln – Probiere – Radiere

- Zuerst geht Mia nach Hause.
- Als zweiter wird Jakob abgeholt.
- Nils geht später als Robin.
- Ole wird als letzter abgeholt.
- Sara geht vor Robin.

Ole: ___ Mia: 1. Jakob: ___ Sara: ___ Nils: ___ Robin: ___

1

Anna: ________ ct

Tim: ________ ct

Lisa: ________ ct

Nele: ________ ct

Milan: ________ ct

Ole: ________ ct

2 Lege und zeichne Münzen.

7 ct	8 ct ○ ○ ○ ○
12 ct	14 ct ○ ○ ○ ○
15 ct	19 ct ○ ○ ○ ○ ○
20 ct	26 ct ○ ○ ○

2 Meist mehrere Lösungen möglich.

Geld – Sparen und Ausgeben

3 Lege Spielgeld und rechne.

€ + € = €

€ + € = €

€ + € = €

4

5 Du hast 10 € gespart. Was würdest du kaufen? Male oder schreibe.

3 bis **5** Einkaufen nachspielen (z. B. Kinderflohmarkt).

Geld – Sparen und Ausgeben

6 Jonas kauft:

Er gibt 

____

Er bekommt ____ € zurück.

Lilli kauft:

Sie gibt 

____

Sie bekommt ____ € zurück.

Milan kauft:

Er gibt 

____

Er bekommt ____ € zurück.

7 Jana kauft:

Sie gibt 

Sie bekommt ____ € zurück.

Tim kauft:

Er gibt 

Er bekommt ____ € zurück.

8 Lina kauft:

Sie gibt 

Sie bekommt ____ € zurück.

6 Evtl. Aufgaben schreiben. **6** bis **8** Spielen und legen.

Geld – Sparen und Ausgeben

A

Marie hat ____ € ____ ct gespart.
Sie kauft ein Buch für 4 €.
Wie viel Geld hat sie noch?

Sie hat noch ____ € ____ ct.

B

Luca hat ____ € ____ ct in seinem Sparschwein.
Sein Opa schenkt ihm 10 €.
Wie viel Geld hat er dann?

Er hat dann ____ € ____ ct.

C

Lina hat das Sparschwein zertrümmert.
Sie teilt sich das Geld mit ihrem Bruder.
Wie viel Geld erhält jeder?

Jeder erhält ____ € ____ ct.

D

Milan hat 4 € 15 ct im Sparschwein.
Er steckt 5 € 10 ct dazu.
Vater gibt ihm auch noch 2 €.
Wie viel Geld hat er nun?

Milan hat nun ____ € ____ ct.

Mit Geld legen und rechnen.

Unsere Zähne

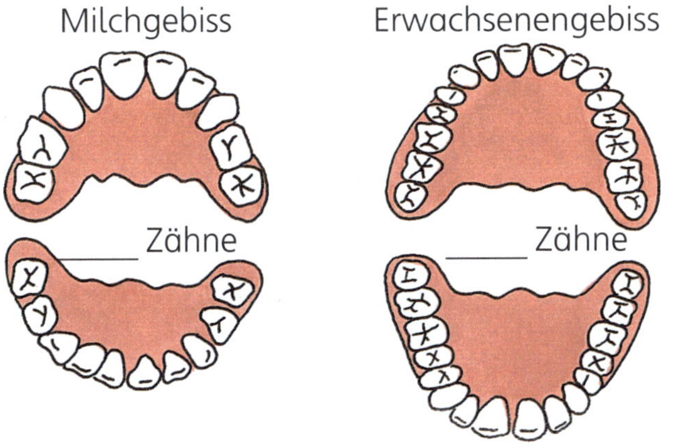

Das Erwachsenengebiss hat ____ Zähne **mehr** als das Milchgebiss.

1 Zählt eure Zähne. Helft euch gegenseitig. Zeichne ein.

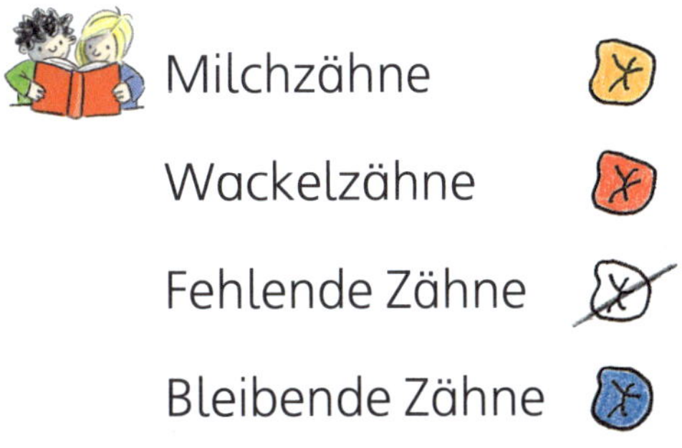

Milchzähne

Wackelzähne

Fehlende Zähne

Bleibende Zähne

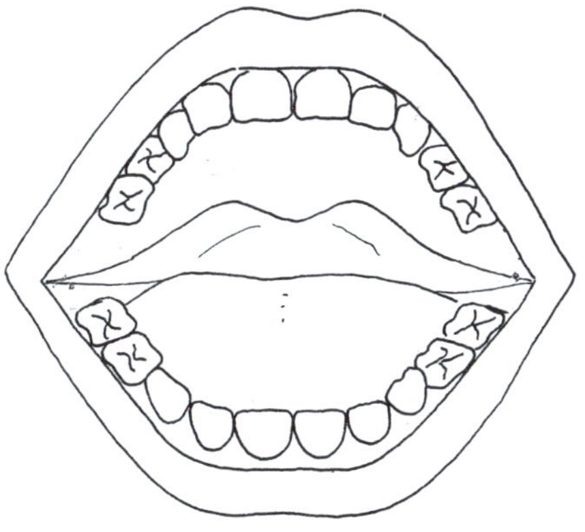

TIPP Wenn du schon mehr Backenzähne hast, zeichne sie ein.

Datum: ____________________

Ich habe ____ Milchzähne, ____ Wackelzähne und ____ bleibende Zähne.

Ich habe ____ Zahnlücken.

Ich habe heute insgesamt ________ Zähne.

Von meinen Milchzähnen sind schon ____ Zähne herausgefallen.

2 a) Wie viele Zähne haben die anderen Kinder deiner Klasse schon verloren? Fragt nach und tragt ein.

(fehlende Zähne)	0	1	2	3	4	5	6	7	8	9	10	11	12	mehr
(Kinder)														

b) **Am meisten** Zähne hat ________________ verloren, nämlich ____ Zähne.

Jedem Kind sind **mindestens** ____ Zähne ausgefallen.

Den meisten Kindern sind ____ Zähne ausgefallen.

Alle Kinder der Klasse **zusammen** haben ____ Zähne verloren.

2 a) Gemeinsam erarbeiten.

Unsere Zähne

3 Bei der Schulzahnärztin

a) Finde Aufgaben und rechne.

b) Welche Rechnung passt zur Aufgabe? Kreuze an. Rechne.

1. 14 Kinder waren schon dran, neun Kinder warten noch. Wie viele Kinder sind es zusammen?
   - ◯ 14 – 9 = ____
   - ◯ 14 + 9 = ____
   - ◯ 9 + ____ = 14

2. Nico hat sechs Milchzähne verloren. Wie viele hat er noch?
   - ◯ 20 – 6 = ____
   - ◯ 20 + 6 = ____
   - ◯ 24 – 6 = ____

1. Die Kinder der Klasse 2 b haben acht blaue, sieben grüne und elf rote Zahnbürsten geschenkt bekommen. Wie viele sind es zusammen?
   - ◯ 11 – 8 + 7 = ____
   - ◯ 7 + 8 – ____ = 11
   - ◯ 8 + 7 + 11 = ____

2. Lilli hatte schon 22 Zähne. Oben sind drei Zähne ausgefallen und unten zwei. Wie viele Zähne hat sie noch?
   - ◯ 22 – 3 + 2 = ____
   - ◯ 3 + 22 + 2 = ____
   - ◯ 22 – 3 – 2 = ____

3 Die Kinder helfen sich beim Lesen.

4 Rechne und beantworte die Fragen.

a) Ebru hat von ihren 20 Milchzähnen sieben verloren. Wie viele Milchzähne hat Ebru noch?

Emily hat von ihren 20 Milchzähnen acht verloren. Sechs Zähne sind schon nachgewachsen. Wie viele Milchzähne hat Emily noch?

b) Die Zahnärztin hatte 45 Zahnbürsten. Sie verschenkt heute 25. Wie viele Zahnbürsten hat sie noch?

Wie viele Zähne hat Emily jetzt insgesamt?

5 Finde Fragen zu den Texten und schreibe sie auf.

a) Die Klasse 2 a bekommt 23 Zahnbürsten geschenkt und die Klasse 2 b bekommt 25 Zahnbürsten geschenkt.

b) Franz hatte letzte Woche sechs Wackelzähne. Es sind inzwischen vier Zähne ausgefallen.

c) Valeska hat von ihren 20 Milchzähnen zehn verloren. Acht bleibende Zähne sind schon nachgewachsen.

Unsere Zähne

A Amelie und Moritz putzen nach dem Mittagessen in der Schule ihre Zähne.

Am Montag wollen alle 15 Kinder gleichzeitig Zähne putzen.
An jedem Waschbecken stehen **gleich viele** Kinder. Verbinde.

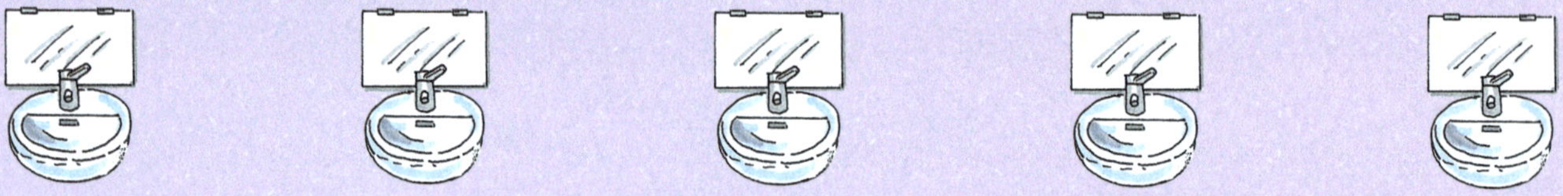

An jedem Waschbecken stehen ____ Kinder.

B

TIPP
Lege Material.

1. Florian und Lukas haben zusammen schon zwölf Wackelzähne gehabt. Lukas hatte vier mehr als Florian. Wie viele Wackelzähne hatten beide schon?

Antwort: ______________________________

2. Paula und Mia haben zusammen neun Wackelzähne gehabt. Mia hatte drei weniger als Paula. Wie viele Wackelzähne hatten beide schon?

Antwort: ______________________________

1 Welche Frage passt? Kreuze an.

a)

◯ Wie viel Euro haben sie?
◯ Wie viel Euro sind in der Kasse?
◯ Wie viel Euro bezahlen sie zusammen?

b) Oma bezahlt den Eintritt für sich und drei Enkel mit einem 50-Euro-Schein.

◯ Wie viel muss sie bezahlen?
◯ Wie viel Geld bekommt sie zurück?
◯ Reicht das Geld?

c)

◯ Wie viele Kinder sind insgesamt im Zoo?
◯ Wie viel Eintritt müssen sie insgesamt bezahlen?
◯ Wie viel haben sie gespart?

d) Elf Kinder besuchen den Zoo. Eine Gruppe ab zehn Personen bekommt pro Person zwei Euro Ermäßigung.

◯ Reicht das Geld?
◯ Wie viele Erwachsene besuchen den Zoo?
◯ Wie viel müssen sie bezahlen?

2 Welche Aufgabe passt? Kreuze an.

a)

◯ 3 € – 2 € = 1 €
◯ 2 € + 3 € = 5 €
◯ 1 € + 2 € = 3 €

b)

◯ 6 € + 4 € = 10 €
◯ 10 € – 6 € = 4 €
◯ 10 € + 6 € = 16 €

c)

Eintritt
7 €

◯ 7 € + 7 € = 14 €
◯ 2 € + 7 € = 9 €
◯ 3 € + 4 € = 7 €

d)

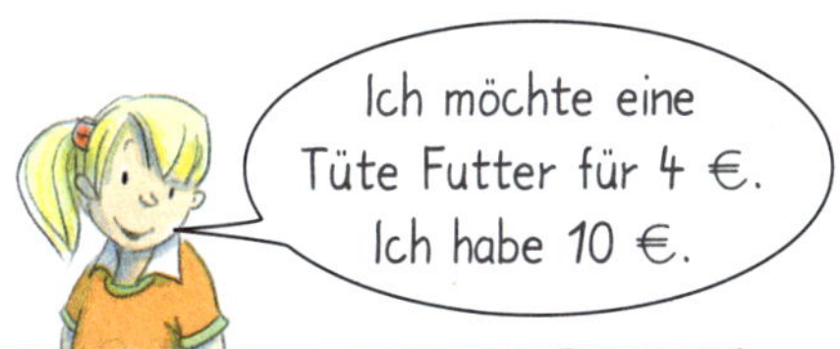

◯ 10 € + 4 € = 14 €
◯ 10 € – 4 € = 6 €
◯ 10 € – 6 € = 4 €

1 Diff.: Fragen beantworten.

Im Zoo

3 Das Känguru Hoppi springt mit einem Sprung zwei Meter weit. Wie weit springt es mit drei Sprüngen?
Welches Bild passt? Kreuze an.

- ○ 2 m | 2 m
- ○ 2 m | 2 m | 2 m
- ○ 3 m | 3 m | 3 m

Das Känguru Flippy springt mit einem Sprung vier Meter weit. Wie weit springt es mit fünf Sprüngen?
Welches Bild passt? Kreuze an.

- ○ 4 m | 4 m
- ○ 4 m | 4 m | 4 m | 4 m | 4 m
- ○ 5 m | 5 m | 5 m | 5 m | 5 m

4 Im Gehege sind fünf Flamingos. Wie viele Beine haben die Tiere zusammen?

TIPP: Male für jedes Bein einen Strich.

Die Tiere haben zusammen ______ Beine.

Im Gehege sind drei Ziegen und zwei Pelikane. Wie viele Beine haben sie zusammen?

Antwort: ______________________________

____

5 Fülle die Tabelle aus.

	Köpfe	Augen	Beine
	1		
	2		
	4		
	8		

Fülle die Tabelle aus.

	Köpfe	Augen	Beine
			16
		6	
	5		
		8	

Multiplikationen additiv lösen.

6 Der  bekommt morgens sieben  und abends acht .
Der  frisst dreimal am Tag zwei große 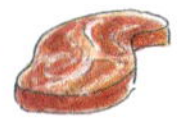.
Der  bekommt immer gleich viele , insgesamt zwölf am Tag.
Der  bekommt morgens vier  und abends fünf .

Fülle die Tabelle aus. Rechne.

Tier	Futter	10:00 Uhr	14:00 Uhr	18:00 Uhr	zusammen
			4		
	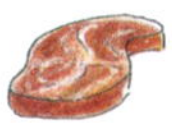				
					12
			8		

7 Berechne die tägliche Futtermenge für zwei Seehunde.

Antwort: ______________________

____

Berechne die tägliche Futtermenge für vier Löwen.

Antwort: ______________________

____

8 Berechne die tägliche Futtermenge für zwei Elefanten.

Antwort: ______________________

____

Berechne die tägliche Futtermenge für fünf Gorillas.

Antwort: ______________________

____

6 Diff.: Einen eigenen „Bild-Text" ins Heft schreiben und malen.

Im Zoo

A Suche einen Fußweg durch den Zoo. Benutze jeden Weg, aber keinen doppelt.

zum Knobeln

B

zum Knobeln

1. Im Streichelzoo zählt Ida sieben Köpfe und 22 Beine.
   Wie viele Kaninchen, Ziegen und Enten können es sein?

   ____

2. Im Streichelzoo gibt es 25 Kaninchen, 17 Enten und 19 Ziegen.
   Luisa hat zwölf Tiere gestreichelt. Welche Tiere waren es?

   ____

3. Im Freigehege sind zwölf Kaninchen und fünf Ziegen.
   Wie schwer ist eine Ziege?

   ____

   Welche Informationen fehlen, damit man die Frage beantworten kann?

   ____

C Schreibe selbst eine Aufgabe zum Zoo.

____

____

____

____

B 2. Mehrere Möglichkeiten. 3. Kapitänsaufgabe.

1 Auf dem Rodelhügel

Kreuze an. Rechne aus, wenn du die Frage beantworten kannst.

	Kann ich beantworten.	Kann ich nicht beantworten.	Ergebnis
1. Wie viele Kinder sind gerade am Rodelhügel?	○	○	______
2. Wie viele Stunden und Minuten rodeln die Kinder schon?	○	○	______
3. Wie viele Kinder ziehen gerade ihren Schlitten hoch?	○	○	______
4. Wie viele Kinder werfen Schneebälle?	○	○	______
5. Wie kalt ist es am Rodelhügel?	○	○	______
6. Wie viele Schlitten haben die Kinder mitgebracht?	○	○	______
7. Wie viele Kinder tragen eine rote Mütze **und auch** einen blauen Schal?	○	○	______

2 Welche Rechengeschichte passt? Kreuze an. Rechne.

a) $25 + 14 =$ ____

○ **A** 25 Kinder rodeln. 14 tragen Handschuhe.

○ **B** 25 Kinder rodeln und 14 Kinder kommen dazu.

○ **C** 25 Kinder rodeln. Sie sind schon seit 14 Uhr dabei.

b) $34 - 12 =$ ____

○ **A** 34 Vögel sitzen im Vogelhäuschen und zwölf auf dem Baum.

○ **B** 34 Vögel sitzen auf dem Baum. Zwölf kommen dazu.

○ **C** 34 Vögel saßen auf dem Baum. Davon fliegen zwölf weg.

c) $25 - 3 + 22 =$ ____

○ **A** 25 Hasen sitzen auf dem Feld, drei laufen weg, 22 andere kommen dazu.

○ **B** 25 Hasen sitzen von drei bis 22 Uhr auf dem Feld.

○ **C** 25 Hasen sitzen auf dem Feld, erst laufen drei weg, dann die anderen 22.

3 Welches Bild passt zu der Rechengeschichte? Kreuze an.
Finde eine passende Rechenaufgabe. Rechne und antworte.

a) Familie Irmer schmückt den Tannenbaum. Sie hängen zwölf rote und doppelt so viele goldene Kugeln auf.

○  ○  ○ 

Antwort: Am Tannenbaum hängen insgesamt

b) Nina, Antonia und Justin bekommen vom Nikolaus jeweils drei Pakete.

○  ○  ○ 

Antwort: Die drei Kinder bekommen zusammen

c) Elias und Paulina haben Plätzchen gebacken. Es sind 24 Plätzchen auf dem Blech. Mutter sagt: „Verteilt gerecht!"

○ 

○ 

○ 

Antwort: Jeder bekommt

4 a)

In der Klasse 2 b sind 23 Kinder. Wie viele brennen heute?
Wähle die passende Antwort aus. Kreuze an.

- ◯ Heute brennen 28 .
- ◯ 23 haben sie heute gebraucht.
- ◯ Es brennen heute 18 .
- ◯ Fünf sind noch in der Packung.

b) In der 2 d sind 26 Kinder. Jedes Kind hat zwei Teelichter. Alle brennen.

Wie viele Teelichter brennen in der 2 d?

Wähle eine passende Antwort aus. Kreuze an.

- ◯ ____ sind ausgegangen.
- ◯ Es ist gemütlich mit vielen .
- ◯ In der 2 d brennen ____ .

Für den Lichtertanz kommt die Klasse 2 a mit 28 brennenden Teelichtern dazu.
Wie viele Teelichter brennen nun?

Antwort: ______________________________

____

____

5 Am Tannenbaum hängen acht blaue, sieben grüne und neun rote Kugeln.

a) Wie viele Kugeln sind es insgesamt? ______________________________

b) Verändere die Aufgabe mit eigenen Zahlen.
Am Tannenbaum hängen ____ blaue, ____ grüne und ____ rote Kugeln.
Wie viele Kugeln sind es insgesamt? ______________________________

c) Verändere die Aufgabe so, dass es insgesamt 30 Kugeln sind.
1. Am Tannenbaum hängen ____ blaue, ____ grüne und ____ rote Kugeln.
2. Am Tannenbaum hängen ____ blaue, ____ grüne und ____ rote Kugeln.

d) Verändere die Aufgabe so, dass es mehr grüne als rote und blaue Kugeln gibt. Es sind insgesamt 25 Kugeln.
Am Tannenbaum hängen ____ blaue, ____ grüne und ____ rote Kugeln.

5 c) Zwei verschiedene Möglichkeiten finden.

A Am Tannenbaum hängen sechs blaue, zwölf grüne und 15 rote Kugeln.

1. Wie viele Kugeln sind es insgesamt? ______________________

2. Verändere die Aufgabe so, dass von jeder Farbe gleich viele Kugeln am Baum hängen. Die Gesamtzahl der Kugeln bleibt gleich.
   Am Tannenbaum hängen von jeder Farbe ____ Kugeln.

3. Drei grüne Kugeln hängen schon am Baum. Verändere die Aufgabe so, dass doppelt so viele rote wie blaue Kugeln am Baum hängen.
   Die Gesamtzahl der Kugeln bleibt gleich.
   Am Tannenbaum hängen ____ blaue und ____ rote Kugeln.

B Der Nikolaus hatte 68 Päckchen in seinem Sack. 35 hat er schon verteilt.

1. Wie viele hat er jetzt noch? ______________________

2. Verändere eine der beiden Zahlen so, dass er jetzt noch 52 Päckchen hat.
   Der Nikolaus hatte ____ Päckchen in seinem Sack. ____ hat er schon verteilt.

3. Verändere eine der beiden Zahlen so, dass der Nikolaus genau die Hälfte der Päckchen schon verteilt hat.
   Der Nikolaus hatte ____ Päckchen in seinem Sack. ____ hat er schon verteilt.

C Dies sind Sophie, Emilia und Johanna.

zum Knobeln

- Ganz rechts steht das Mädchen mit einem rosa Schal.
- Sophie und Emilia stehen außen.
- Das Kind ganz links hat eine rote Mütze auf.
- Ein Kind trägt zu einem grünen Schal eine blaue Mütze.
- Sophie trägt ihren orangefarbenen Schal und Emilia ihre lila Mütze.

Wer ist wer? Male passend an.

Name: Sophie ____________ ____________

B 2. Es gibt zwei Möglichkeiten.

C Zunächst eindeutige Aussagen in die Zeichnung übertragen.

1 Die Getränkebestellung der Klassen 2 a und 2 b:

	Kakao	Milch	Erdbeermilch	Kein Getränk
Mädchen	15	5	3	6
Jungen	9	8	5	7
gesamt				

a) Ergänze die Tabelle.

b) Kreuze an.

Kann ich beantworten. | Kann ich nicht beantworten. | Ergebnis

1. Wie viele Mädchen bestellen Kakao? ◯ ◯ ______
2. Was bestellt Melina? ◯ ◯ ______
3. Welches Getränk bestellen die meisten Kinder? ◯ ◯ ______
4. Wie viele Kinder gehen in die Klasse 2 b? ◯ ◯ ______
5. Wie viele Kinder bestellen kein Getränk? ◯ ◯ ______
6. Wie viele Kinder aus der 2 a bestellen Erdbeermilch? ◯ ◯ ______
7. Würde Tobias in der nächsten Woche lieber Kakao trinken? ◯ ◯ ______

c) Wie viel Milch und Kakao wird insgesamt bestellt?

Antwort: ______________________

____

Wie viele Kinder bestellen ein Getränk?

Antwort: ______________________

____

d) Welche Getränke würde eure Klasse bestellen? Fragt nach und tragt ein.

	Kakao	Milch	Erdbeermilch	Kein Getränk	
Mädchen					
Jungen					
gesamt					

Oder ein anderes Getränk.

1 d) Eine Umfage mit der Klasse gemeinsam erarbeiten.

Unsere Klasse

2 Die Kinder der Klassen 2 a, 2 b und 2 c haben ihr Lieblingshobby angegeben.

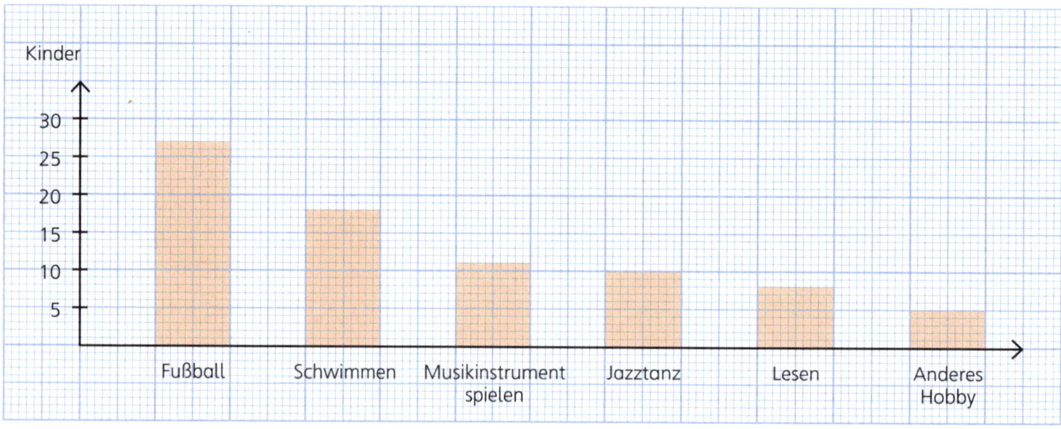

Kann ich beantworten.

Kann ich nicht beantworten.

a) Kreuze an.

	Kann ich beantworten.	Kann ich nicht beantworten.	Ergebnis
1. Wie viele Kinder spielen gerne Fußball?	◯	◯	____
2. Wie viele Mädchen lesen gerne?	◯	◯	____
3. Wie viele Kinder haben andere Hobbys angegeben?	◯	◯	____
4. Wie viele Kinder spielen gerne Handball?	◯	◯	____
5. Wie viele Kinder gehen gerne zum Jazztanz?	◯	◯	____

b) ____ Kinder schwimmen gerne.

____ Kinder lesen gerne.

Zusammen sind das ____________________

____

Wie viele Kinder gehen insgesamt in die Klassen 2 a, 2 b und 2 c?

Antwort: ____________________

____

c) Wie viele Kinder haben in eurer Klasse diese Lieblingshobbys?

Fußball	Schwimmen	Musikinstrument spielen	Jazztanz	Lesen	Anderes Hobby

3 Benita ist 21 cm größer als Robin. Robin ist 1 m 18 cm.

a) Welches Bild passt? Kreuze an.

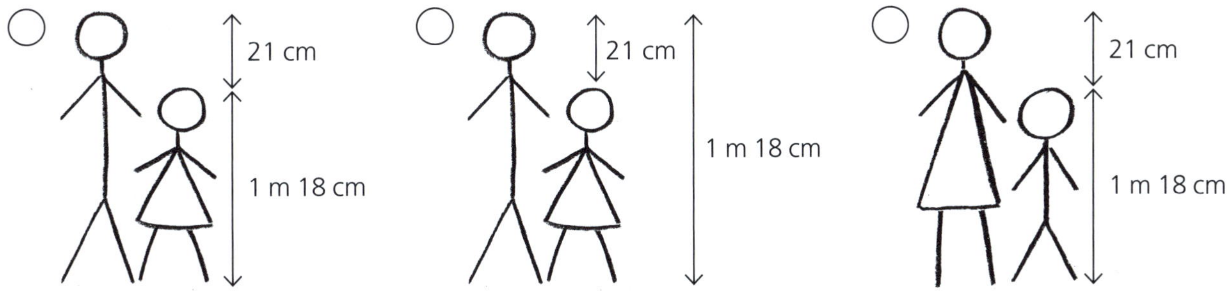

b) Wie groß ist Benita?

Antwort: ______________________

____

Mira ist 12 cm kleiner als Benita.
Wie groß ist sie?

Antwort: ______________________

____

4 Ben ist 1 m 34 cm. Florian ist 13 cm kleiner als er. Wie groß ist Florian?
Male und rechne.

Antwort: Florian ist ______________ groß.

5 Sarah ist 1 m 25 cm.
Ich bin ____ m ____ cm.

○ Also bin ich ____ cm größer als Sarah.

○ Also bin ich ____ cm kleiner als Sarah.

Tom ist 1 m 31 cm groß.

○ Ich bin ____ cm größer als Tom.

○ Ich bin ____ cm kleiner als Tom.

Wie groß bin ich?
Gib die Aufgabe zum Rechnen weiter.

5 Eigene Körpergröße messen.

Unsere Klasse

A Jula ist 1 m 38 cm groß. Ihre Freundin Aylin ist 19 cm kleiner als sie. Selim ist 27 cm größer als Aylin. Julas Bruder Lasse ist nur halb so groß wie Selim. Wie groß sind Aylin, Selim und Lasse? Malt und rechnet.

Jula: 1 m 38 cm   Aylin: ___ m ___ cm   Selim: ________   Lasse: ________

B Wer ist wer? Wie sehen die Kinder aus? Male passend an.

- Pia steht rechts und hat blaue Augen.
- Dilan hat schwarze Haare.
- Tora steht links von Dilan.
- Das Mädchen mit den braunen Haaren steht nicht in der Mitte.
- Das Mädchen rechts hat blonde Haare.
- Tora hat braune Augen.
- Das Mädchen in der Mitte hat grüne Augen.

________   ________   ________

C In den Klassen 2 a, 2 b und 2 c sind insgesamt 75 Kinder. Es sind neun Mädchen mehr als Jungen. Wie viele Mädchen und Jungen sind es?

Mädchen: ______   Jungen: ______

B Zunächst eindeutige Aussagen in die Zeichnung übertragen.

Geld – Einkaufen

1

a) Welches Bild passt zu Bjarnes Eis? Kreuze an.

b) Kreuze an.

	Kann ich beantworten.	Kann ich nicht beantworten.	Ergebnis
1. Wie teuer ist eine Kugel Eis?	○	○	______
2. In welche Klasse geht Bjarne?	○	○	______
3. Wie teuer sind zwei Kugeln Eis?	○	○	______
4. Wie viel kostet eine Portion Sahne?	○	○	______
5. Wie viel Geld hat Bjarne dabei?	○	○	______
6. Welche Sorte Eis mag Bjarne nicht?	○	○	______

c) Wie teuer ist Bjarnes Eis?

Antwort: ______________________________

____

Wie viel Geld hat Bjarne nach dem Eisessen noch übrig?

Antwort: ______________________________

____

d) Silan bestellt ein Eis mit den Kugeln Schokolade, Banane und Erdbeer. In welcher Reihenfolge können die Kugeln liegen?

Finde drei Möglichkeiten.

Finde alle Möglichkeiten.

Geld – Einkaufen

2

Pia hat 50 € gespart. Sie möchte sich einen Rucksack und eine CD kaufen.

a) Kreuze an.

	Kann ich beantworten.	Kann ich nicht beantworten.	Ergebnis
1. Wie teuer ist eine CD?	◯	◯	______
2. Wie viel Geld hat Pia gespart?	◯	◯	______
3. Wie viel kosten ein Ball und ein Puzzle zusammen?	◯	◯	______
4. Wie viel kostet ein Fahrrad?	◯	◯	______

b) Wie teuer ist Pias Einkauf?

Antwort: ______________________

____

Pia hat mit vier Scheinen bezahlt. Welche könnten es gewesen sein?

c) Du hast 30 Euro. Was würdest du kaufen?

Antwort: ______________________

____

____

Sara gibt genau 26 Euro aus. Was könnte sie gekauft haben?

Antwort: ______________________

____

____

2 c) Einkaufssituationen nachspielen.

d) Herr Weiß kauft für seine drei Kinder je einen Ball. Wie viel Geld muss er bezahlen? Kreuze die passenden Bilder an, rechne und antworte.

○ $3 \cdot 9$ €

○ 

○ 9 € $\cdot 3$

○ 

○ 

○ 

Antwort: ____

____

e) Verbinde jeweils die Aufgabe mit der passenden Rechnung und Antwort.

Felix kauft vier Autos.	4 : 2 € = ______	Er bezahlt ______ €.
Tom hat 35 Euro. Er kauft einen Rucksack.	35 € + 19 € = ______	Er hat insgesamt ______ €.
	4 · 2 € = ______	
Mehmet hat 35 € und bekommt noch 19 € geschenkt.	35 € – 19 € = ______	Er hat noch ______ € übrig.

Geld – Einkaufen

A

Finde eine passende Frage zu dieser Antwort.

B Erfindet eine Rechengeschichte zum Zoo.

Eintritt für Kinder: 8 €	Michael und zwei Freunde

C

Malte und Rocco haben zusammen 36 €. Malte hat dreimal so viel Geld wie Rocco. Wie viel Geld hat jeder?

Rocco: ____________

Malte: ____________

D Suse hat fünf Münzen. Male die Münzen.

1. Wie viel Geld hat sie höchstens?
2. Wie viel Geld hat sie mindestens?
3. Welche Münzen könnte sie haben, wenn sie genau 19 ct besitzt? Finde beide Möglichkeiten.

Zu **D** Rechengeld legen.

Gesundes Frühstück

1

Obstsalat

für 5 Personen:

Zutaten:

3 Bananen
4 Äpfel
2 Orangen
5 Kiwis
2 Pfirsiche

2 EL Honig
3 EL Zitronensaft

a) In der 2 b sind 25 Kinder. Trage in die Tabelle ein, wie viele Zutaten sie für den Obstsalat brauchen.

Zutat	Menge
Bananen	$5 \cdot 3 = 15$
Äpfel	
Orangen	
Kiwis	
Pfirsiche	
Honig	
Zitronensaft	

Die 25 Kinder der 2 b laden noch 20 Gäste ein. Trage in die Tabelle ein, wie viele Zutaten sie für den Obstsalat brauchen.

Zutat	Menge
Bananen	
Äpfel	
Orangen	
Kiwis	
Pfirsiche	
Honig	
Zitronensaft	

b) Für wie viele Personen haben die Kinder das Rezept berechnet? Vervollständige.

Zutat	Menge
Bananen	12
Äpfel	16
Orangen	8
Kiwis	20
Pfirsiche	
Honig	EL
Zitronensaft	EL

Für ____ Personen.

Zutat	Menge
Bananen	9
Äpfel	12
Orangen	6
Kiwis	
Pfirsiche	
Honig	EL
Zitronensaft	EL

Für ____ Personen.

Zutat	Menge
Bananen	18
Äpfel	24
Orangen	
Kiwis	
Pfirsiche	
Honig	EL
Zitronensaft	EL

Für ____ Personen.

1 Evtl. mit den Kindern in der Klasse einen Obstsalat zubereiten.

Gesundes Frühstück

2 a)

Die Kinder der Klasse 2 b kaufen auf dem Wochenmarkt für den Obstsalat ein. Trage die Preise und Mengen in die Tabelle ein.

Einkaufszettel	**Menge**	**Preis**
15 Bananen	3-mal 5 Stück	6 €
20 Äpfel	5 Packungen	
10 Orangen		
25 Kiwis		
8 Pfirsiche		
1 Glas Honig		
3 Zitronen		
Insgesamt		

b) Sie haben in ihrer Klassenkasse 50 €.
Wie viel Geld bleibt übrig?

Es bleiben ____ € übrig.

3 a) Linas Mutter hat Quarkbrötchen gebacken. Finde Malaufgaben.

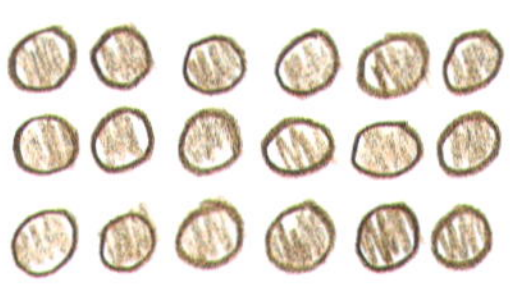
____

____

____

b) Wie viele Brötchen sind es zusammen?

Antwort: ______________________________

____

Wie viele Brötchen kann jedes der 25 Kinder essen?

Antwort: ______________________________

____

4 Verbinde jeweils die Aufgabe mit der passenden Rechnung und Antwort.

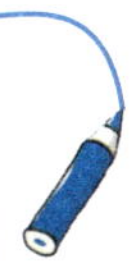

- Die Klasse 2 d hat 15 Äpfel gekauft. Julia bringt noch drei von zu Hause mit.
- Luis verteilt 15 Erdbeeren an drei Kinder.
- Auf ein Blech passen drei Reihen mit je fünf Brötchen.
- Franz kauft drei Netze Orangen.
- Von 15 Bananen wurden drei gegessen.

- $3 \cdot 5 =$ ____
- $5 + 3 =$ ____
- $15 : 3 =$ ____
- $15 + 3 =$ ____
- $3 \cdot 5$ € $=$ ____
- $5 - 3 =$ ____
- $15 - 3 =$ ____

- Jedes Kind bekommt ____ Erdbeeren.
- Es bleiben ____ Bananen übrig.
- Zusammen haben sie nun ____ ________.
- Er bezahlt ________.
- Auf ein Blech passen ____ ____________.

5 Ergänzt den Text sinnvoll. Wählt aus dem Kasten aus.

~~2b~~	09:30	Mittwoch	2.
25	sechs	50	

Das gesunde Frühstück in der Klasse 2 b

Am ______________________ ist endlich so weit:
In der ____ Stunde bereiten die Kinder das Frühstück vor.
Sie decken die ________ Gruppentische.
Einige bereiten den Obstsalat für die ____ Kinder der Klasse zu.
Für den Orangensaft pressen sie die ____ Orangen aus.
Um ________ Uhr, passend zur Pause, ist alles fertig. Mmh! Wie lecker!

5 Die Partner helfen sich gegenseitig beim Lesen.

Gesundes Frühstück

A Fünf Bananen kosten 2 €.
Wie viel kosten sieben Bananen?

TIPP
Überlege zuerst, wie viel eine Banane kostet.

Antwort: ______________________________

____

B Dirok und Ilona haben für einen Obstsalat zusammen 18 Kiwis geschnitten. Dirok hat doppelt so viele geschnitten wie Ilona.

Antwort: ______________________________

C Denke dir zu der Antwort eine passende Rechengeschichte aus.

Antwort: Sie haben für alles zusammen 16 € auf dem Wochenmarkt bezahlt.

____

____

____

____

____

D Elena und Moritz mögen gerne Weintrauben.
Wenn Moritz an Elena zwei Weintrauben abgibt, haben beide gleich viele.
Wenn Elena an Moritz zwei Weintrauben abgibt, hat Moritz doppelt so viele wie Elena.
Wie viele Weintrauben hat jeder auf seinem Teller?

zum Knobeln

Antwort: ______________________________

____

D Evtl. Material verwenden.

Rund um die Uhr

1 

Kreuze an.

	Stimmt.	Stimmt nicht.
1. Der Tag hat 24 Stunden. Der Stundenzeiger wandert zweimal um die Uhr.	○	○
2. Auf der Uhr ist es 10:00 Uhr.	○	○
3. Eine Stunde hat zwölf Minuten.	○	○
4. 15 Minuten sind eine Viertelstunde.	○	○
5. Der große Zeiger ist der Minutenzeiger.	○	○
6. Der Minutenzeiger wandert in einer Stunde einmal um die Uhr.	○	○
7. Zwischen zwei dickeren Strichen liegen vier dünnere.	○	○
8. Der kleinere Zeiger ist der Stundenzeiger.	○	○

2 Verbinde.

Sarah und Ida spielen um ______ Uhr.

Sie klingelt um ______ Uhr bei Ida.

Um ______ Uhr geht Sarah los.

Sarah ruft Ida um ______ Uhr an.

Ida winkt Sarah um ______ Uhr zu.

3 Verbinde.

a)

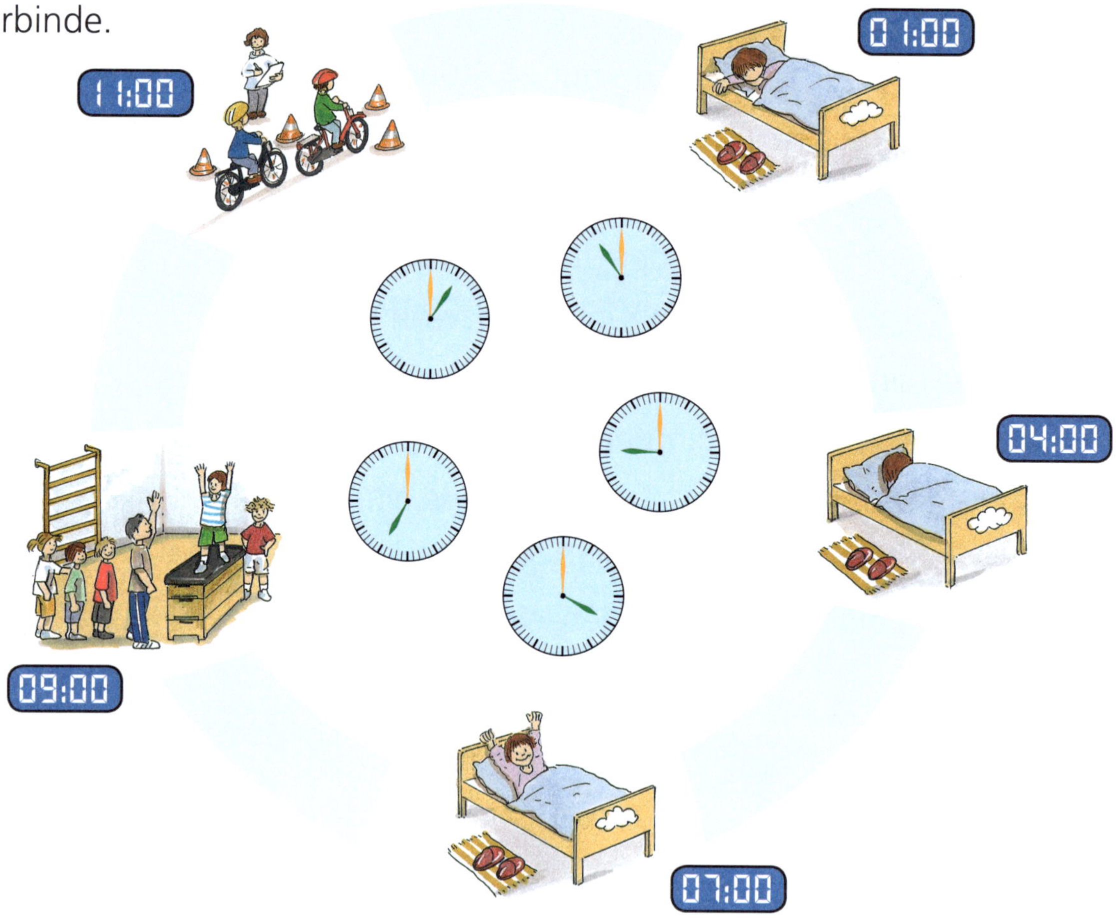

b)

4

Es ist 09:30 Uhr.

Lea frühstückt
10 Minuten lang.

Um 09:40 Uhr gehen
alle nach draußen.

a) Es ist 06:20 Uhr.
Lea putzt die
Zähne. Das dauert
drei Minuten.
Wie spät ist es dann?

Antwort: Nach dem Zähneputzen
ist es Uhr.

Tom steht um
06:15 Uhr auf.
Für Waschen,
Zähneputzen und
Anziehen braucht er 22 Minuten.
Wie spät ist es dann? Trage ein.

Antwort: ______________________

____

b) Lea braucht für
den Schulweg
15 Minuten. Sie
geht um 07:35 Uhr los.
Wann ist sie in der Schule?

Antwort: Sie ist um Uhr
in der Schule.

Um 06:38 Uhr sitzt
Tom beim Frühstück.
Um 07:10 Uhr muss
er zum Schulbus.
Wie viel Zeit hat er
dazwischen? Trage ein.

Antwort: ______________________

____

c) Leas erste Stunde
beginnt um 08:00 Uhr.
Sie dauert 45 Minuten.
Wann endet sie?

Antwort: Sie endet um Uhr.

____

Tom kommt um
07:45 Uhr in der Schule
an. Die Busfahrt hat
13 Minuten gedauert.
Wann fuhr er los? Trage ein.

Antwort: ______________________

____

A Finde heraus, wie lange Lotta jeden Tag an den Hausaufgaben saß.
Trage es in die Tabelle ein.

Lotta hat heute 50 Minuten lang Hausaufgaben gemacht.
Montag waren es zehn Minuten weniger.
Gestern war es nur halb so lang wie heute.
Gut, dass morgen Freitag ist, da bekommt sie keine Hausaufgaben auf.
An einem Nachmittag saß sie diese Woche sogar eine Stunde lang an ihrem Schreibtisch.

Montag	Dienstag	Mittwoch	Donnerstag	Freitag
				0 min

B Timo sieht heute immer wieder auf die Uhr.
Ihm ist langweilig. Es ist ______ Uhr.

Dann spielt er 35 Minuten mit Lego.

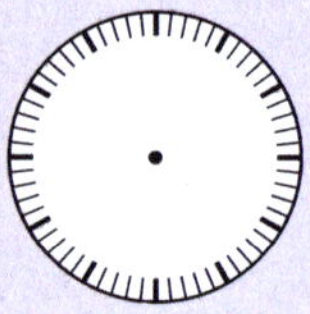

45 Minuten dauert seine
Lieblingssendung im Fernsehen.

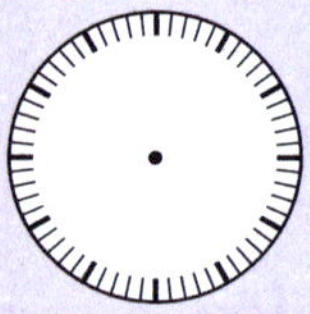

Jetzt sitzt er schon seit
zehn Minuten am Fenster.

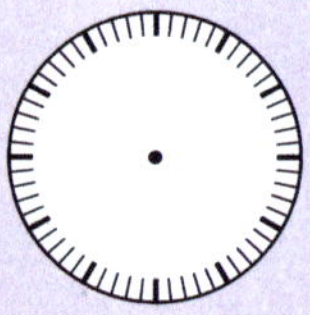

Es ist ______ Uhr.

Stimmt das? Ja ☐ Nein ☐ Begründe: ______________________

____

C Verbinde.

Eine halbe Stunde minus drei Minuten sind …	45 min
Drei halbe Stunden sind …	55 min
Eine Stunde minus fünf Minuten sind …	90 min
Drei Viertelstunden sind …	27 min

Seite 1

1.

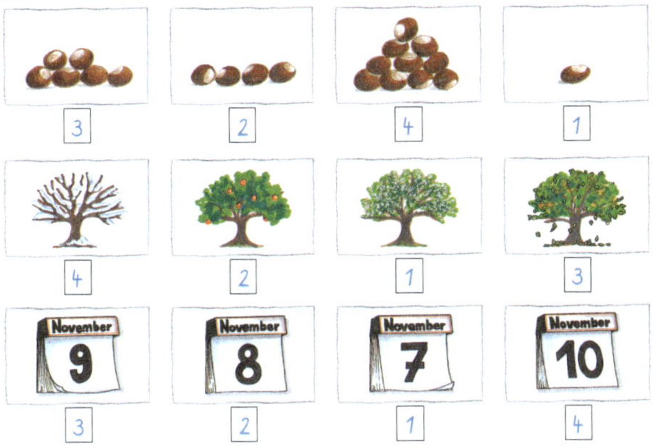

2. Beispiele: 1. Igel unter dem Blätterhaufen
   2. Kompletter Drachen
   3. Baum mit weniger als 5 Vögeln

Seite 2

3. 4 + 3 = 7   5 + 4 = 9
   9 − 3 = 6   10 − 5 = 5

4.

Seite 3

5. 4 + 3 = 7   Bild 3
   2 + 6 = 8   Bild 1
   7 − 5 = 2   Bild 3
   9 − 4 = 5   Bild 1

6. 2 + 4 = 6
   4 − 1 = 3

Seite 4

A 4   4 + 3 = 7   7 − 5 = 2   Beispiel: 2 + 2 = 4

B 1. 5 + 4 = 9

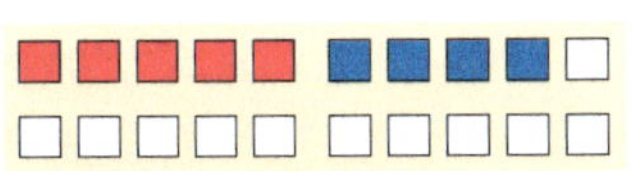

2. 7 − 4 = 3

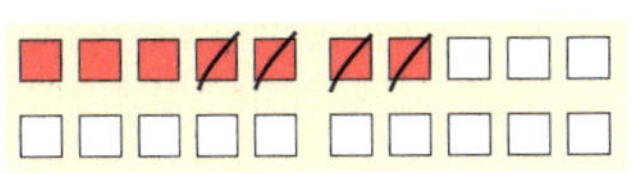

Seite 5

1. 5 + 3 = 8
   6 + 4 = 10
   7 − 2 = 5
   6 − 1 = 5
   10 − 3 = 7

Seite 6

2. 1 + 3 = 4   2 + 1 = 3
   3 + 4 = 7   4 + 6 = 10
   3 − 1 = 2   4 − 3 = 1
   5 − 2 = 3   7 − 6 = 1

Seite 7

Seite 8

A 2 + 3 + 4 = 9   B 12 − 2 − 3 = 7
C 8 − 6 + 2 = 4   D 9 + 8 − 3 = 14
E Beispiele: Radfahrer: 7 + 1 = 8   Fußgänger: 11 + 2 = 13

Seite 9

1. 1. stimmt
   2. stimmt nicht
   3. stimmt
   4. stimmt nicht
2. links: 8 − 4 = 4   7 − 5 = 2
   rechts: 7 − 1 = 6   12 − 2 = 10   3 + 12 = 15

Seite 10

3. a) 6 rote, 5 grüne, 4 gelbe
   b) 6 + 4 = 10
   c) 4 + 5 = 9
   d) 6 + 5 = 11
   e) links 6 − 4 = 2, rechts: 15 − 2 − 3 = 10
   f) Z. B. „Ich esse alle auf: 15 − 15 = 0" oder „Lars isst erst 3 rote, dann 2 gelbe und noch 3 grüne." Dazu malt das Kind entsprechend die Gummibärchen und schreibt Zahlen ins Bild. Eine korrekte Schreibweise der Gleichung ist nicht nötig, bei einer Präsentation an der Tafel sollte aber die korrekte Form („Erwachsene Mathematik") daneben stehen.

Seite 11

4. links: jeweils 4 braune
   rechts: jeweils 3 weiße und 4 schwarze

5. links: jeweils 4 (z. B. 2 rote und 2 grüne)
   rechts: jeweils 8 (z. B. 2 längliche und 6 ovale oder runde)

Seite 12

A 1. Gerecht verteilen kann man nur, wenn man eine Schokolinse halbiert: Jeder bekommt $1\frac{1}{2}$ rote, 2 gelbe, 3 grüne
  2. Z. B. „Jetzt ist es leicht: 1 rote, 3 grüne, 2 gelbe."

B Jakob 2. Sara 3. Robin 4. Nils 5. Ole 6.

Lösungen

Seite 13

1. Anna: 9 ct Tim: 17 ct Lisa: 19 ct
   Nele: 18 ct Milan: 16 ct Ole: 20 ct

2.

Seite 14

3. Teddy + Auto: 4 € + 5 € = 9 €
   Ball + Uhr: 3 € + 1 € = 4 €
   Clown + Teddy: 6 € + 4 € = 10 €
   Astronaut + Pferd: 8 € + 7 € = 15 €
   Auto + Clown: 5 € + 6 € = 11 €
   Pferd + Ball: 7 € + 3 € = 10 €

4. Ball + Uhr + Clown: 3 € + 1 € + 6 € = 10 €
   Pferd + Teddy + Auto: 7 € + 4 € + 5 € = 16 €

5. Beispiele: Spielzeugauto (5 €) + Teddy (4 €) + Uhr (1 €)
   oder Clown (6 €) + Teddy (4 €)

Seite 15

6. Jonas: 5 € – 4 € = 1 € 1 € zurück
   Lilli: 10 € – 8 € = 2 € 2 € zurück
   Milan: 10 € – 7 € = 3 € 3 € zurück

7. Jana: 20 € – 10 € – 5 € = 5 € 5 € zurück
   Tim: 20 € – 9 € – 2 € = 9 € 9 € zurück

8. Lina: 20 € – 10 € – 5 € – 5 € = 0 € nichts zurück

Seite 16

A 13 € 2 ct – 4 € = 9 € 2 ct
B 3 € 6 ct + 10 € = 13 € 6 ct
C 4 € 42 ct : 2 = 2 € 21 ct
D 4 € 15 ct + 5 € 10 ct = 9 € 25 ct 9 € 25 ct + 2 € = 11 € 25 ct

Seite 17

Das Erwachsenengebiss hat 12 Zähne mehr als das Milchgebiss.

Seite 18

3. a) Beispiele: Kinder: 9 + 1 + 13 = 23
   Blumentöpfe: 4 + 3 = 7
   Zahnbürsten: 13 + 13 = 26
   Zahnarzt-Instrumente: 1 + 4 = 5
   Milchzähne: 20 – 5 = 15
   b) links: 1. Es sind zusammen 14 + 9 = 23 Kinder.
   2. Er hat noch 20 – 6 = 14 Milchzähne.
   rechts: 1. Es sind zusammen 8 + 7 + 11 = 26 Zahnbürsten.
   2. Lilli hat noch 22 – 3 – 2 = 17 Zähne.

Seite 19

4. a) links: Ebru hat noch 20 – 7 = 13 Milchzähne.
   rechts: Emily hat noch 20 – 8 = 12 Milchzähne.
   b) links: Die Zahnärztin hat noch 20 Zahnbürsten.
   rechts: Emily hat jetzt 20 – 8 + 6 = 18 Zähne.

5. Beispiele:
   a) Wie viele Zahnbürsten haben beide Klassen zusammen? (48)
   Welche Klasse hat mehr Zahnbürsten? (2 b)
   Reichen die Zahnbürsten für alle Kinder? (?)
   b) Wie viele Wackelzähne hat Franz noch? (2)
   Wie viele Milchzähne hat Franz noch? (?)
   c) Wie viele Milchzähne hat Valeska noch? (10)
   Wie viele Zähne hat sie insgesamt? (18)

Seite 20

A An jedem Waschbecken stehen 3 Kinder.

B 1. Lukas hatte 8 Wackelzähne, Florian 4.
  2. Paula hatte 6 Wackelzähne, Mia 3.

Seite 21

1. a) Wie viel Euro bezahlen sie zusammen? (12 €)
   b) 1. Wie viel muss sie bezahlen? (30 €)
   2. Wie viel Geld bekommt sie zurück? (20 €)
   c) Wie viel Eintritt müssen sie insgesamt bezahlen? (18 €)
   d) Wie viel müssen sie bezahlen? (44 €)

2. a) 2 € + 3 € = 5 € b) 10 € + 6 € = 16 €
   c) 7 € + 7 € = 14 € d) 10 € – 4 € = 6 €

Seite 22

3. links: 2 m + 2 m + 2 m = 3 · 2 m = 6 m
   rechts: 4 m + 4 m + 4 m + 4 m + 4 m = 5 · 4 m = 20 m

4. links: 5 · 2 = 10 oder 2 + 2 + 2 + 2 + 2 = 10
   Die Flamingos haben zusammen 10 Beine.
   rechts: 3 · 4 + 2 · 2 = 16 oder 4 + 4 + 4 + 2 + 2 = 16
   Die Tiere haben zusammen 16 Beine.

5. links:

	Köpfe	Augen	Beine
	1	2	4
	2	4	4
	4	8	16
	8	16	16

rechts:

	Köpfe	Augen	Beine
	4	8	16
	3	6	6
	5	10	20
	4	8	8

Seite 23

6.

Tier	Futter	10:00 Uhr	14:00 Uhr	18:00 Uhr	zusammen
		7	4	8	19
		2	2	2	6
		4	4	4	12
		4	8	5	17

7. links: 19 + 19 = 38 oder 2 · 19 = 38
   Zwei Seehunde verbrauchen täglich 38 Fische.
   rechts: 6 + 6 + 6 + 6 = 24 oder 4 · 6 = 24
   Vier Löwen verbrauchen täglich 24 Stücke Fleisch.

8. links: 12 + 12 = 24 oder 2 · 12 = 24
   Zwei Elefanten verbrauchen täglich 24 Brote.
   rechts: 17 + 17 + 17 + 17 + 17 = 85 oder 5 · 17 = 85
   Fünf Gorillas verbrauchen täglich 85 Apfelstücke.

Seite 24

A

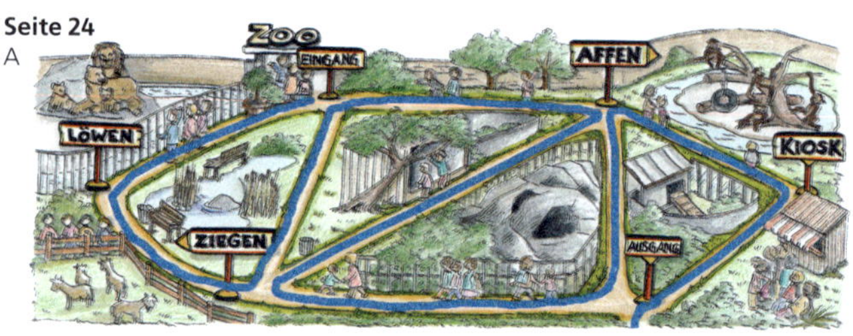

B 1. Viele Möglichkeiten:

Kaninchen und Ziegen	Enten
10	1
8	3
6	5
4	7
2	9
0	11

2. Viele Möglichkeiten
3. Nicht lösbar, weil das Gewicht der Ziege fehlt.

Lösungen

Seite 25

1. 1. 15 + 12 + 6 = 33
   3. 6
   4. 5
   6. 31
   7. 2

2. a) 25 + 14 = 39 Rechengeschichte B passt.
   b) 34 – 12 = 22 Rechengeschichte C passt.
   c) 25 – 3 + 22 = 44 Rechengeschichte A passt.

Seite 26

3. a) Insgesamt 36 Kugeln. Das mittlere Bild passt.
   b) Zusammen 9 Pakete. Das rechte Bild passt.
   c) Jeder bekommt 8 Kekse. Das mittlere Bild passt.

Seite 27

4. a) Es brennen heute 18 Teelichter.
   b) links: In der 2 d brennen 52 Teelichter.
   rechts: Es brennen nun 80 Teelichter.

5. a) Insgesamt 8 + 7 + 9 = 24 Kugeln.
   b) Beispiel:
   Am Tannenbaum hängen 10 blaue, 10 grüne und 12 rote Kugeln.
   Es sind insgesamt 32 Kugeln.
   c) Beispiele:
   Am Tannenbaum hängen 15 blaue, 10 grüne und 5 rote Kugeln.
   Am Tannenbaum hängen 10 blaue, 10 grüne und 10 rote Kugeln.
   d) Beispiel:
   Am Tannenbaum hängen 6 blaue, 15 grüne und 4 rote Kugeln.

Seite 28

A 1. Insgesamt 6 + 12 + 15 = 33 Kugeln.
2. Von jeder Farbe 11 Kugeln.
3. 10 blaue und 20 rote Kugeln.

B 1. Er hat jetzt noch 68 – 35 = 33 Päckchen.
2. Zwei Möglichkeiten:
Der Nikolaus hatte 68 Päckchen in seinem Sack. 16 hat er schon verteilt.
Der Nikolaus hatte 87 Päckchen in seinem Sack. 35 hat er schon verteilt.
3. Zwei Möglichkeiten:
Der Nikolaus hatte 70 Päckchen in seinem Sack. 35 hat er schon verteilt.
Der Nikolaus hatte 68 Päckchen in seinem Sack. 34 hat er schon verteilt.

C Links: Sophie mit orangefarbenem Schal und roter Mütze.
Mitte: Johanna mit grünem Schal und blauer Mütze.
Rechts: Emilia mit rosa Schal und lila Mütze.

Seite 29

1. a)

	Kakao	Milch	Erdbeermilch	Kein Getränk
Mädchen	15	5	3	6
Jungen	9	8	5	7
gesamt	24	13	8	13

b) 1. 15
3. Kakao (24)
5. 13
c) links: Milch: 5 + 8 = 13, Kakao: 15 + 9 = 24, Insgesamt: 13 + 24 = 37
rechts: 15 + 9 + 5 + 8 + 3 + 5 = 45 Kinder bestellen ein Getränk.

Seite 30

2. a) 1. 27
   3. 5
   5. 10
   b) links: 18 Kinder schwimmen gerne. 8 Kinder lesen gerne.
   Zusammen sind das 26 Kinder.
   rechts: Insgesamt gehen 27 + 18 + 11 + 10 + 8 + 5 = 79 Kinder in die Klassen 2 a, 2 b und 2 c.

Seite 31

3. a) Bild 3 passt.
   b) links: Benita ist 1 m 18 cm + 21 cm = 1 m 39 cm groß.
   rechts: Mira ist 1 m 18 cm + 21 cm – 12 cm = 1 m 27 cm groß.

4. Florian ist 1 m 34 cm – 13 cm = 1 m 21 cm groß.

Seite 32

A Aylin: 1 m 38 cm – 19 cm = 1 m 19 cm
Selim: 1 m 19 cm + 27 cm = 1 m 46 cm
Lasse: 146 cm : 2 = 73 cm

B Links: Tora: braune Haare, braune Augen
Mitte: Dilan: schwarze Haare, grüne Augen
Rechts: Pia: blonde Haare, blaue Augen

C Mädchen: 42 Jungen: 33

Seite 33

1. a) Bild 1
   b) 1. 50 ct
   3. 1 €
   4. 30 ct
   c) links: Bjarnes Eis kostet 1,80 €.
   rechts: Bjarne hat noch 2 € – 1,80 € = 0,20 € übrig.
   d) Es gibt sechs verschiedene Möglichkeiten.

Seite 34

2. a) 1. 15 €
   2. 50 €
   3. 9 € + 6 € = 15 €
   b) links: Pias Einkauf kostet 19 € + 15 € = 34 €.
   rechts: 10 €, 10 €, 10 €, 5 €
   oder 5 €, 5 €, 5 €, 20 €
   oder 10 €, 10 €, 10 €, 10 €
   c) links: Mehrere Möglichkeiten.
   rechts: Z. B.: Sie könnte eine CD, ein Spielzeugauto und einen Ball gekauft haben
   oder ein Buch, eine CD und ein Puzzle
   oder einen Rucksack, ein Spielzeugauto und ein Buch.

Seite 35

2. d) Die Bilder 1, 5 und 6 passen. Er muss 27 € bezahlen.
   e)

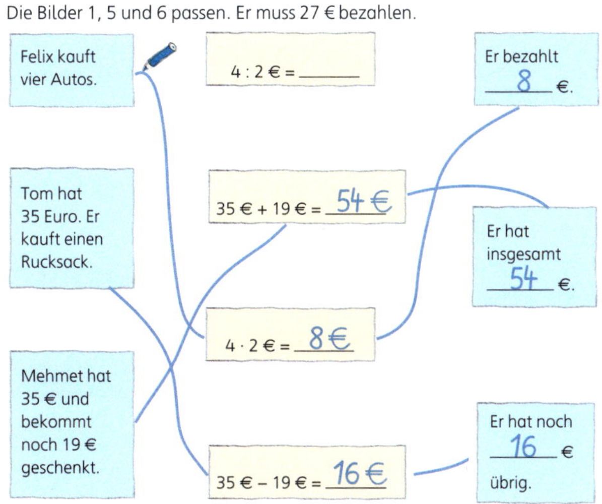

Seite 36

A Z. B.: Wie viel kosten ein Rucksack und ein Puzzle zusammen?

B Z. B.: Michael und seine zwei Freunde fahren in den Zoo. Der Eintritt für Kinder beträgt 8 €. Wie viel müssen sie insgesamt bezahlen? (3 · 8 € = 24 €)

C Rocco: 9 € Malte: 27 €

D 1. 2 € + 2 € + 2 € + 2 € + 2 € = 10 €
2. 1 ct + 1 ct + 1 ct + 1 ct + 1 ct = 5 ct
3. 10 ct + 5 ct + 2 ct + 1 ct + 1 ct = 19 ct
5 ct + 5 ct + 5 ct + 2 ct + 2 ct = 19 ct

Seite 37

1. a) links:

Zutat	Menge
Bananen	5 · 3 = 15
Äpfel	20
Orangen	10
Kiwis	25
Pfirsiche	10
Honig	10 EL
Zitronensaft	15 EL

rechts:

Zutat	Menge
Bananen	27
Äpfel	36
Orangen	18
Kiwis	45
Pfirsiche	18
Honig	18 EL
Zitronensaft	27 EL

b)

Zutat	Menge
Bananen	12
Äpfel	16
Orangen	8
Kiwis	20
Pfirsiche	8
Honig	8 EL
Zitronensaft	12 EL

Für 20 Personen.

Zutat	Menge
Bananen	9
Äpfel	12
Orangen	6
Kiwis	15
Pfirsiche	6
Honig	6 EL
Zitronensaft	9 EL

Für 15 Personen.

Zutat	Menge
Bananen	18
Äpfel	24
Orangen	12
Kiwis	30
Pfirsiche	12
Honig	12 EL
Zitronensaft	18 EL

Für 30 Personen.

Seite 38

2. a)

Einkaufszettel	Menge	Preis
15 Bananen	3-mal 5 Stück	6 €
20 Äpfel	5 Packungen	10 €
10 Orangen	1 Netz	5 €
25 Kiwis	5-mal 5 Stück	5 €
8 Pfirsiche	8 Stück	4 €
1 Glas Honig	1 Glas	4 €
3 Zitronen	einmal 3 Stück	1 €
Insgesamt		35 €

b) Es bleiben 15 € übrig.

3. a) $3 \cdot 6 = 18$ $4 \cdot 5 = 20$ $3 \cdot 4 = 12$
b) links: Zusammen sind es 18 + 20 + 12 = 50 Brötchen.
rechts: Jedes Kind kann 50 : 25 = 2 Brötchen essen.

Seite 39

4.

Die Klasse 2 d hat 15 Äpfel gekauft. Julia bringt noch drei von zu Hause mit.

Luis verteilt 15 Erdbeeren an drei Kinder.

Auf ein Blech passen drei Reihen mit je fünf Brötchen.

Franz kauft drei Netze Orangen.

Von 15 Bananen wurden drei gegessen.

$3 \cdot 5 =$ 15

$5 + 3 =$ ___

$15 : 3 =$ 5

$15 + 3 =$ 18

$3 \cdot 5 € =$ 15 €

$5 - 3 =$ ___

$15 - 3 =$ 12

Jedes Kind bekommt 5 Erdbeeren.

Es bleiben 12 Bananen übrig.

Zusammen haben sie nun 18 Äpfel.

Er bezahlt 15 €.

Auf ein Blech passen 15 Brötchen.

5. **Das gesunde Frühstück in der Klasse** 2 b
Am Mittwoch ist es endlich soweit:
In der 2. Stunde bereiten die Kinder das Frühstück vor.
Sie decken die sechs Gruppentische.
Einige bereiten den Obstsalat für die 25 Kinder der Klasse zu.
Für den Orangensaft pressen sie 50 Orangen aus.
Um 09:30 Uhr, passend zur Pause ist alles fertig. Mmh! Wie lecker!

Seite 40

A Eine Banane kostet 40 ct. Sieben Bananen kosten 2,80 €.

B Dirok hat 12 Kiwis geschnitten, Ilona 6.

C Beispiel: Dorothee und Sven kaufen auf dem Wochenmarkt ein Netz Orangen (5 €), eine Packung Äpfel (2 €), ein Glas Honig (4 €), fünf Bananen (2 €), vier Pfirsiche (2 €) und drei Zitronen (1 €). Wie viel haben Sie bezahlt?

D Moritz hat 14 Weintrauben, Elena 10.

Seite 41

1. 1. Stimmt
2. und 3. Stimmt nicht
4. bis 8. Stimmt

2.

Sarah und Ida spielen um 16:00 Uhr.

Sie klingelt um 15:00 Uhr bei Ida.

Um 14:45 Uhr geht Sarah los.

Sarah ruft Ida um 14:00 Uhr an.

Ida winkt Sarah um 18:00 Uhr zu.

Seite 42

3. a)

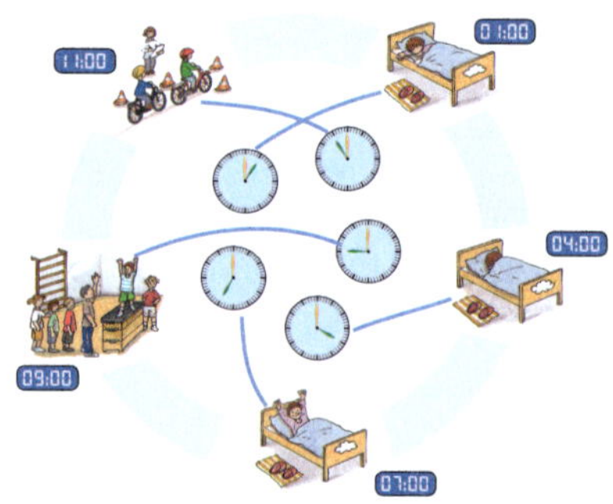

b)

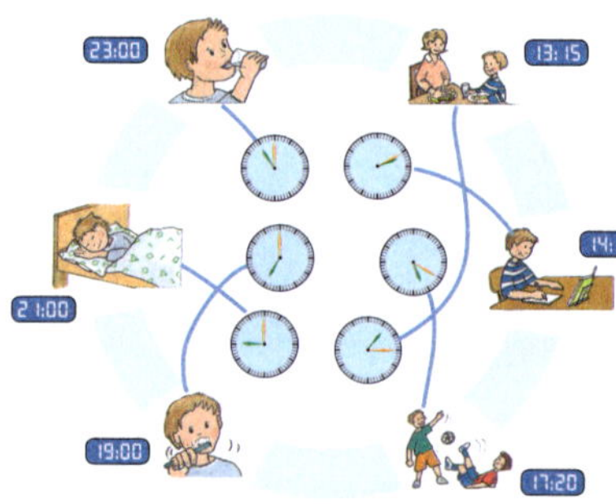

Seite 43

4. a) links: 06:23 Uhr
rechts: Dann ist es 06:37 Uhr.
b) links: 07:50 Uhr
rechts: Tom hat 32 Minuten Zeit.
c) links: 08:45 Uhr
rechts: Toms Bus fuhr um 07:32 Uhr los.

Seite 44

A

Montag	Dienstag	Mittwoch	Donnerstag	Freitag
40 min	60 min	25 min	50 min	0 min

B Es ist 15:10 Uhr.

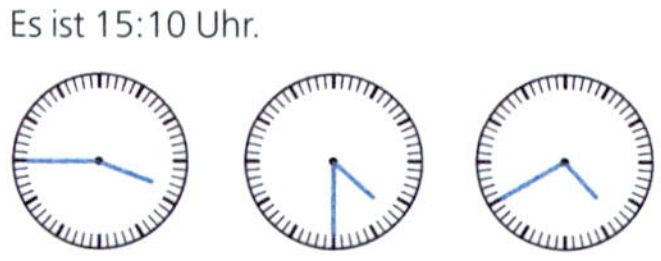

Es ist 17:40 Uhr
Das stimmt nicht. Begründung: Z. B. „Timo hat sich vertan. Es ist erst 16:40 Uhr. Er muss beim Stundenzeiger besser hinsehen."

C

Eine halbe Stunde minus drei Minuten sind … 27 min

Drei halbe Stunden sind … 90 min

Eine Stunde minus fünf Minuten sind … 55 min

Drei Viertelstunden sind … 45 min

Umschlag

$100 - 1 = 99$
$99 : 3 = 33$
Auf Opas Wiese hoppeln 33 Kaninchen.